_______ 년 ____ 월 ____ 일

________________ (이름)

지금 내 앞에 놓인 음식을

한 입 한 입

음미하며 먹는다

마음챙김 식사 Mindful Eating

My Mindful Eating

14 days of Eating Journal

마음챙김 식사일기 사용법

마음챙김 식사일기는 음식과 평온한 관계를 만들어가는 자기돌봄의 도구입니다. 내가 음식과 어떻게 만나고 있는지를 알기 위해서는 식사습관에 대한 관찰과 기록이 필요합니다. 14일 마음챙김 식사일기는 크게 세 부분으로 되어 있습니다. 첫번째는 매일의 식사내용을 기록하는 식사일기, 두번째는 식사와 감정에 관한 메시지를 전하는 식사에세이, 세번째는 마음챙김 식사습관을 위한 식사연습입니다. 이 세 부분을 차례대로 기록하면서 오늘 하루의 나의 몸과 마음을 식사를 통해 돌보게 됩니다.

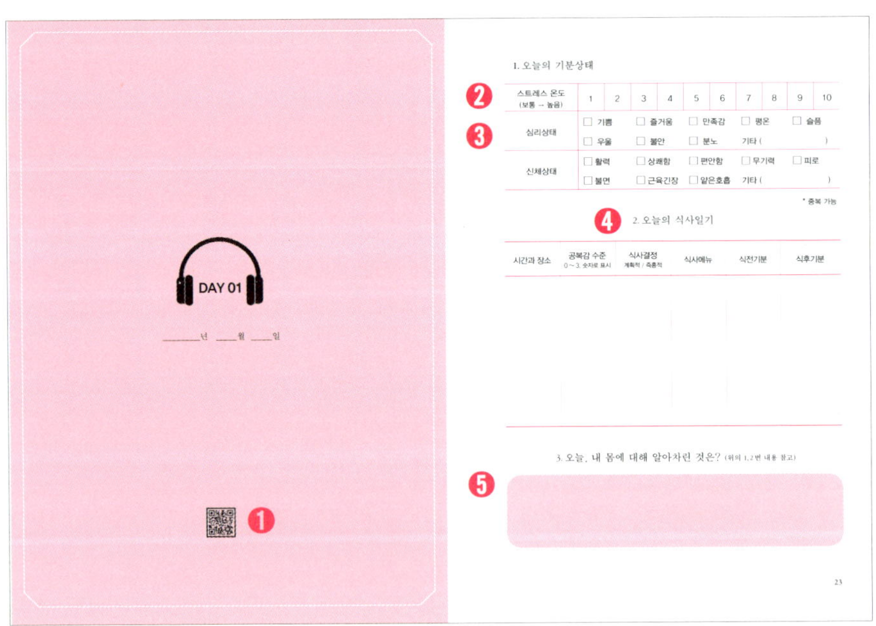

❶ 오늘의 오디오가이드를 QR 코드로 들어보세요.

❷ 오늘의 스트레스 온도를 해당 항목에 V 표시하세요.

❸ 오늘의 심리 상태와 신체 상태를 해당 항목에 V 표시하세요.

❹ 오늘의 식사일기를 아래의 예시처럼 작성해보세요.

식사일기

시간과 장소	공복감 수준 0 ~ 3, 숫자로 표시	식사결정 계획적 / 즉흥적	식사메뉴	식전기분	식후기분
오전 9시경, 집	1단계	계획적!	김치볶음밥	몸이 가볍고 기분도 활력적이다.	활력적이다. 좋은 기분이다.

❺ 오늘 먹은 음식을 떠올리면서 내 몸의 느낌을 자각해보고 적어보세요.

먹고, 적고, 알아차리기

마음챙김이 살을 빼는 묘약은 아닙니다. 하지만 이것만은 분명하게 말씀드릴 수 있습니다. 현재의 자신에게 집중하며 알아차린다면, 어떤 순간에도 평정심을 지키며 음식과 건강하게 만날 수 있게 됩니다.

평상시 나에게 물어보세요
요즘 나는 주로 어떤 감정들을 경험하고 있나요? 지금 내 삶에서 어떤 일이 일어나고 있나요?

먹기 전에 나에게 물어보세요
나는 정말로 배가 고픈가요? 지루하고 따분한가요? 스트레스를 받고 있나요? 외로운가요? 그래서 음식으로 보상받고 싶다고 느끼고 있나요?

먹고 있는 나를 알아차리세요
나는 왜 이것을 먹고 있나요? 내가 먹고 있는 음식은 나에게 유익한가요? 먹고 나서 충족함이 드나요?

먹고 있는 음식을 음미해보세요
어떤 냄새인가요? 어떤 질감이 느껴지나요? 편안한 느낌을 주나요?

Mindful Eating

식사를 하지 않은 사람은

제대로 생각할 수도 제대로 잠을 잘 수도 없습니다.

심지어 나 자신을 제대로 사랑할 수도 없습니다.

그만큼 음식과의 관계는 삶에서 가장 중요한 관계입니다.

기본적으로 먹는다는 것은

나의 몸과 마음을 건강하게 유지하기 위한 것입니다.

나를 사랑할수록 음식과의 관계도 편안해집니다.

나를 아끼고 돌보는 만큼 함부로 먹지 않기 때문입니다.

이제, 나는 음식과 어떻게 만나야 할까요?

여기, 나를 위한 마음챙김 식사 레시피 14가지를 제안합니다.

Mindfulness
Emotional Eating
Breathing
Body awareness
Feeling of hunger
Gluttony
Boundaries in eating
Healing Food
Peace of mind
Eating habits
Perspective
Healing recipes
Friendship
Kindness
지금 이 순간을 느끼며
나에게 다정하게 말하기
함께 행복하게 먹기
힐링 레시피 만들기
관점을 전환하기
작은 식습관부터 바꾸기
평정심을 회복하기
음식으로 치유하기
식사경계 만들기
충동을 길들이기
공복감을 선물하기
신체자각력 높이기
식사 전 호흡 챙기기
감정식사 알아차리기

Mindful
Eating

– 차례 –

Mindful Eating

_______년 ____월 ____일

1. 오늘의 기분상태

스트레스 온도 (보통 → 높음)	1	2	3	4	5	6	7	8	9	10
심리상태	☐ 기쁨		☐ 즐거움		☐ 만족감		☐ 평온		☐ 슬픔	
	☐ 우울		☐ 불안		☐ 분노		기타 (			)
신체상태	☐ 활력		☐ 상쾌함		☐ 편안함		☐ 무기력		☐ 피로	
	☐ 불면		☐ 근육긴장		☐ 얕은호흡		기타 (			)

* 중복 가능

2. 오늘의 식사일기

시간과 장소	공복감 수준 0~3. 숫자로 표시	식사결정 계획적 / 즉흥적	식사메뉴	식전기분	식후기분

3. 오늘, 내 몸에 대해 알아차린 것은? (위의 1, 2번 내용 참고)

01 감정식사 알아차리기

"오후 6시가 넘으면 내 몸은 무거워질 준비를 한다. 마음의 빈자리를 채워줄 수 있다면 어떤 음식이든 상관없다. 먹는 순간에는 힘들지 않으니까. 그저 먹고 또 먹을 뿐이다."

겉으로는 반듯해 보이지만 그녀에게는 누구에게도 말하지 못한 비밀이 있었습니다. 바로 저녁이면 찾아오면 무서운 식탐의 유혹! 마치 치명적인 매력을 가진 나쁜 남자처럼 먹고 싶은 음식 앞에서는 매번 무너지고 말았습니다. 하지만 식탐의 대가는 곧바로 드러났습니다. 정신없이 먹고 나면 어김없이 허탈감과 후회, 그리고 죄책감으로 더 힘들었던 것입니다.

사실, 뭔가 먹고 싶다는 욕구가 나쁜 것은 아닙니다. 오히려 먹고 싶지 않을 때, 더 큰 문제들이 일어납니다. 우리 몸은 음식을 통해서 하루를 살아갈 에너지를 얻기 때문입니다. 일용할 양식이란 내가 하루를 버티며 살아가기 위한 최소한의 음식을 의미합니다. 그래서 하루를 활기차게 잘 살아가기 원한다면 반드시 잘 먹어야 합니다. 다만 먹어야 할 때가 아닌데도 자꾸 배고픔이 느껴진다면, 좀 다른 문제입니다. 일상의 균형을 깨뜨리는 강력한 문제 중 하나가 바로 감정식사입니다. 감정식사(emotional eating)란 감정에 반응해서 먹는 행위를 말합니다. 화가 나서 먹거나 우울해서 먹거나 또는 외로워서 먹는다면 혹시 감정식사가 아닌지 자신의 식사습관을 돌아봐야 합니다.

그렇다면 왜 감정식사가 일어날까요? 우리는 본능적으로 힘든 감정은 회피합니다. 내가 힘들다고 느낄 때, 뇌에서는 편도체가 활성화되면서 기분은 바닥으로 떨어집니다. 이럴 때 나의 기분을 끌어올려줄 구원투수로 특정 음식이 등장합니다. 스트레스로 힘든 날, 뜬금없이 떡볶이로 기분을 푼다거나 연

인과의 말다툼 후 예민해져서 이것저것 평소보다 더 많이 먹기도 합니다. 또, 외로운 주말이면 초콜릿과 달콤한 쉬폰 케이크에 대책 없이 끌립니다. 이렇듯 음식으로 손쉽게 불쾌한 감정을 잊어버리거나 스스로를 달래면서 감정식사의 패턴이 강해집니다. 하지만 이런 감정적 선택으로 먹은 음식에는 중독성이 있습니다. 먹는 순간에는 잠시 기분이 진정되는 것 같지만 오래 지속되지는 않습니다. 오히려 먹고 싶은 욕구만 더 강해질 뿐입니다. 감정식사에서 쉽게 빠져나오기 힘든 것도 이런 중독성 때문입니다.

나의 노력과 의지로는 도저히 빠져나오기 힘든 식탐의 유혹! 어떻게 해야 할까요? 만약 자주 감정식사의 유혹에 빠진다면, 식사 뒤에 숨은 내 감정을 알아차리는 노력이 필요합니다. 뭔가 먹고 싶다고 느껴지는 순간, 그 식탐 뒤에 숨은 감정이 우울이든 불안이든 분노든 그 감정을 알아차린다면 좀 더 수월하게 자신의 감정식사를 돌볼 수 있습니다. 이때 감정과 싸우지 않고 '거리두기' 전략이 필요합니다. '내가 불안하구나' '아, 내가 마음이 허전한가보네.' '오늘은 짜증이 많은 것 같군' 하면서 내 감정에서 한 걸음 떨어져서 바라봅니다. 여기서 내 감정에 이름을 붙여본다면 감정을 더 명확하게 알아차릴 수 있습니다. 누구나 자기감정을 말로 표현하기 어려워합니다. 감정은 그만큼 복합적이며 혼란스러운 무엇이기 때문입니다. 하지만 감정을 알아차리는 연습을 통해 내 감정을 더 섬세하게 돌볼 수 있습니다.

내 몸은 내가 선택한 음식들의 결과입니다. 정확하게 내 감정이 선택한 결과입니다. 내가 선택한 음식에 묻은 나의 감정을 알아차리고 표현할 수 있다면, 감정식사의 유혹에서도 슬슬 빠져나올 수 있습니다.

감정언어로 표현하는 법 

감정을 언어로 표현할 때, 모호했던 감정은 더 명확하게 알아차릴 수 있습니다. 이때 나의 감정을 알아차리기 위한 방법으로 감정 팔레트를 제안합니다. 감정 팔레트를 통해 나의 식사 전과 후의 감정을 언어로 표현해보는 연습은 감정과 식사와의 관계를 탐색하는 데 도움이 됩니다.

단계별 감정언어를 표현하기

원 모양의 감정 팔레트 안에 감정언어 6가지가 배열되어 있습니다. 이 감정언어 중에서 지금 나의 감정 상태와 가장 근접한 표현을 찾아봅니다. 이렇듯 내 감정에 대해 구체적으로 표현할수록 감정식사의 유혹에서 조금씩 벗어날 수 있습니다.

❶ 팔레트 중앙에는 우리가 자주 느끼는 기본적인 감정들 6가지가 있습니다.

❷ 감정의 강도가 가장 높은 감정언어부터 중앙에서 시작하여 바깥쪽으로 적어 놓습니다(예 : 기쁘다 〉 신난다 〉 설레다 〉 기대된다). 감정언어는 나만의 감정 표현이므로 꼭 정확하지 않아도 괜찮습니다.

❸ 현재 내가 느끼는 감정이 어떤 감정인지 지금 잘 모르겠다면 나중에 적어도 괜찮습니다. 내 감정을 알고 싶을 때, 감정언어 팔레트를 사용하여 감정을 언어로 표현해보는 연습을 해봅니다.

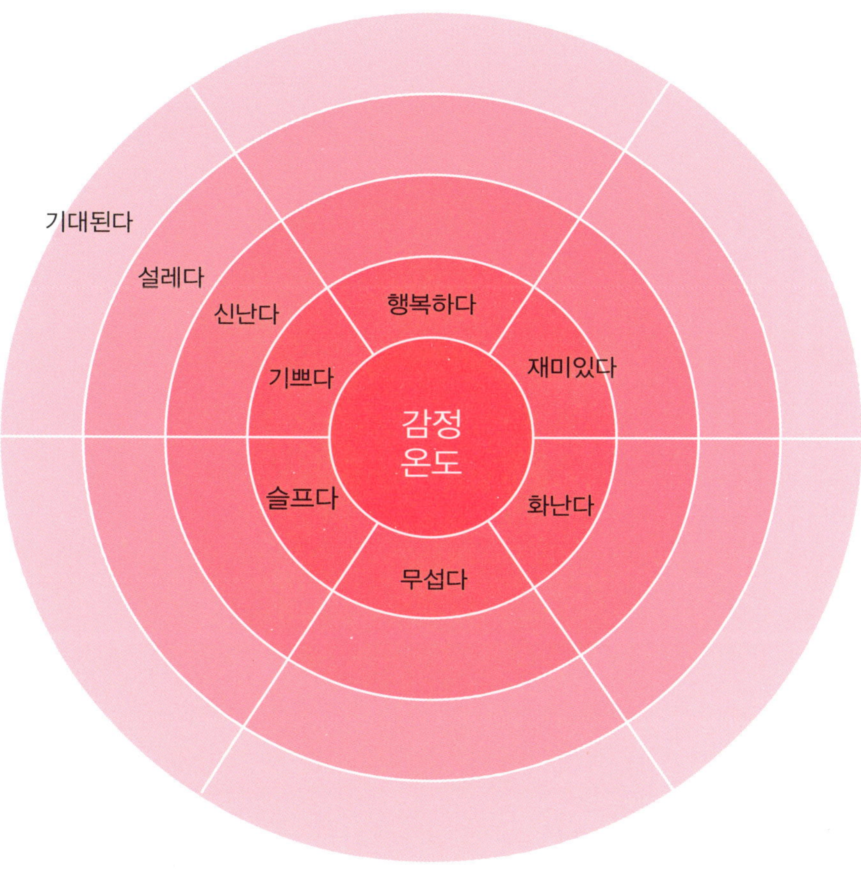

【 감정언어 팔레트 】

________년 ____월 ____일

1. 오늘의 기분상태

스트레스 온도 (보통 → 높음)	1	2	3	4	5	6	7	8	9	10
심리상태	☐ 기쁨	☐ 즐거움	☐ 만족감		☐ 평온			☐ 슬픔		
	☐ 우울	☐ 불안	☐ 분노		기타 (				)	
신체상태	☐ 활력	☐ 상쾌함	☐ 편안함		☐ 무기력			☐ 피로		
	☐ 불면	☐ 근육긴장	☐ 얕은호흡		기타 (				)	

* 중복 가능

2. 오늘의 식사일기

시간과 장소	공복감 수준 0~3. 숫자로 표시	식사결정 계획적 / 즉흥적	식사메뉴	식전기분	식후기분

3. 오늘, 내 몸에 대해 알아차린 것은? (위의 1, 2번 내용 참고)

02 *Breathing*
식사 전, 호흡 챙기기

급한 일이 있어도 평소처럼 차분히 식사를 하는 사람이 있습니다. 바쁘다고 허겁지겁 먹지 않고, 식사에 집중하는 모습을 보면 존경심까지 듭니다. 이렇듯 음식과 평온하게 만나는 사람들에게는 특별한 매력이 있습니다. 어떤 상황에도 쉽게 흔들리지 않고, 자기중심을 잘 지킬 것 같다는 믿음이 바로 그것입니다. 그래서 식사하는 모습만 봐도 우리는 그 사람이 어떤 사람인지를 조금은 알 수 있습니다.

그런데 주변을 둘러보면 음식을 앞에 두고 딴 세상에 빠지는 사람도 흔합니다. 입안에 음식을 넣고 일을 한다거나, 스마트폰에 빠져서 음식은 안중에도 없습니다. 또, 상대와의 이야기에 집중하느라 음식은 차갑게 방치되는 경우도 있습니다. 음식을 먹는 몸은 여기에 있지만, 마음은 딴 곳에 있는 이런 사람들에게 음식의 맛과 향은 들어설 자리도 없습니다.

이럴 때, 호흡은 나의 몸과 마음을 하나로 모아주는 중심 역할을 합니다. 음식을 먹기 전, 호흡을 깊게 하고 나면 흩어졌던 몸과 마음이 차분하게 정돈됩니다. 마치 소중한 사람과 마주하듯 마음은 차분해지고, 몸은 음식을 받아들일 준비 상태에 이릅니다. 우리는 무엇을 먹느냐에 관심이 많지만 사실 어떻게 먹느냐가 더 중요합니다. 좋은 음식이라도 음미하지 못한다면, 아무리 먹어도 잘 먹었다는 느낌, 즉 음식이 주는 충족감은 경험하기 힘들기 때문입니다.

호흡은 나를 편안한 상태로 초대합니다. 호흡으로 부교감 신경계가 활성화되면 긴장이 풀리면서 안정된 느낌을 받습니다. 이를 통해 내 안에 음식의 맛을 느낄 수 있는 여유 공간이 생깁니다. 비로소 씹고 보고 냄새를 맡으며 음

식의 감각을 생생하게 느끼게 됩니다. .

호흡은 감정식사의 유혹에도 쉽게 넘어가지 않도록 도와줍니다. 음식을 먹기 전, 잠시 앉아서 숨을 쉬고 나면 진짜 배고픔과도 만날 수 있습니다. 정말 배가 고파서 먹고 싶은지, 아니면 그저 습관적으로 먹는 것인지를 분별할 수 있습니다. 우리는 긍정적이든 부정적이든 다양한 감정을 가지고 있습니다. 마음이 기쁠 때, 더 많이 먹는 사람이 있고, 오히려 덜 먹는 사람도 있습니다. 또, 슬프거나 화가 날 때 음식을 찾는 사람도 있습니다. 이는 자신의 감정을 먹는 행위로 그런 감정이 사라지거나 더 지속되기를 원하기 때문입니다. 이때 호흡은 잠시 격한 감정을 가라앉게 돌봐줍니다. 호흡으로 순간의 감정을 돌보고 나면, 먹기가 좀 더 단순 명료해집니다.

미국의 시인 프로스트는 시 〈가지 않은 길 *The Road Not Taken*〉에서 '나는 한숨을 쉬며 말할 것이다'라고 표현했습니다. 중요한 선택을 앞두고 내쉬는 '한숨'이 그만큼 중요하다는 의미입니다. 오늘도 나를 위해 호흡을 챙겨보면 어떨까요? 깊게 호흡을 챙기면 나의 몸과 마음은 하나로 만나게 됩니다. 그래서 호흡은 현재의 나를 알아차리게 해주는 마음챙김의 조력자입니다. 호흡을 챙기는 사람에게 식사는 충만한 한 끼로 보답합니다.

호흡을 알아차리는 법

호흡은 언제, 어디서나 나와 함께하는 마음챙김 파트너입니다. 호흡을 인식의 대상으로 여기면 어느 순간이든 호흡의 도움을 받을 수 있습니다. 자, 이제부터 아래 순서대로 호흡을 따라가 보세요.

❶ 편안한 상태로 척추를 곧게 펴고, 자리에 앉거나 등을 바닥에 대고 눕습니다. 양손은 긴장을 푼 자세로 허벅지 위에 올리거나 몸통 옆에 내려놓습니다.

❷ 가능하다면 눈을 감거나 시선을 부드럽게 풀어줍니다.

❸ 잠시 자신이 숨을 쉬고 있다는 사실을 인식합니다. 호흡이 몸 안으로 흘러들어오고 빠져나가는 움직임을 알아차립니다. 그저 들어오고 나가는 호흡의 느낌에 집중합니다.

❹ 다음의 세 가지 관점에서 각각 1분 정도 호흡에 주의를 집중합니다.
첫째, 코로 들어오고 나가는 호흡의 감각을 느낍니다. 호흡에 따라 콧구멍이 조금씩 움직이는 느낌을 알아차립니다.
둘째, 숨을 들이쉬고 내쉴 때, 오르락내리락하는 가슴에 집중합니다. 숨을 들이쉴 때 갈비뼈가 확장되고, 내쉴 때 흉곽이 꺼지는 느낌을 알아차립니다.
셋째, 숨을 들이쉬고 내쉴 때, 배가 부풀었다 꺼지는 모습을 관찰합니다. 숨이 들어오고 나갈 때, 복부가 팽창하고 수축하는 느낌을 알아차립니다.

각 호흡의 범위를 차분하게 따라가 보았다면, 이제 그 호흡이 어떤 느낌이었는지 아래 질문에 답해보세요.

 1. 콧속에 집중할 때의 느낌은?

 2. 가슴에 집중할 때의 느낌은?

 3. 복부에 집중할 때의 느낌은?

 4. 세 가지 호흡 중에서 가장 편안한 호흡은 무엇이며, 그 호흡의 느낌은?

DAY 03

________년 ____월 ____일

1. 오늘의 기분상태

스트레스 온도 (보통 → 높음)	1	2	3	4	5	6	7	8	9	10
심리상태	☐ 기쁨　☐ 즐거움　☐ 만족감　☐ 평온　☐ 슬픔 ☐ 우울　☐ 불안　☐ 분노　기타 (　　　　　)									
신체상태	☐ 활력　☐ 상쾌함　☐ 편안함　☐ 무기력　☐ 피로 ☐ 불면　☐ 근육긴장　☐ 얕은호흡　기타 (　　　　　)									

* 중복 가능

2. 오늘의 식사일기

시간과 장소	공복감 수준 0~3. 숫자로 표시	식사결정 계획적 / 즉흥적	식사메뉴	식전기분	식후기분

3. 오늘, 내 몸에 대해 알아차린 것은? (위의 1, 2번 내용 참고)

03 *Body awareness*
신체자각력 높이기

중요한 일을 앞두고 긴장될 때, 심장이 두근거리거나 배가 뒤틀리는 듯한 느낌을 받을 때가 있습니다. 이렇게 몸의 느낌을 알아차리는 경우처럼, 몸의 내적 신호에 귀 기울이는 것을 신체자각(interceptive awareness)이라고 부릅니다. 자기 몸의 내적 신호를 잘 느낀다는 것은 다이어트에도 도움이 됩니다. 언제 먹어야 하고(공복감의 신호), 또 언제 그만 먹어야 하는지(포만감의 신호)를 몸의 느낌으로 잘 알아차릴 수 있기 때문입니다. 이것은 자신의 몸과 잘 소통하고 있다는 의미이기도 합니다.

그런데 자신의 신체자각 능력을 배제하고, 다이어트에 매진하는 경우가 있습니다. 몸의 내적 신호를 무시한 채, 자신의 몸을 엄격하게 대하는 것입니다. 이런 모습은 내 마음대로 몸을 바꿀 수 있다는 잘못된 믿음 때문입니다. 그래서일까요. "저녁 6시가 넘어서 먹으면 절대 안 돼!" 하며 자신의 몸을 고정된 틀 안에 집어넣습니다. 아무리 허기가 져도 "절대로 안 돼"를 외치며 배고픔이라는 신체자각의 신호를 외면합니다. 하지만 다이어트를 위해서 몸과의 소통은 닫아버린다면, 나는 괜찮을까요?

여기서 기억할 것이 있습니다. 우리가 엄격함을 요구할수록 내 몸은 나에게서 더 멀어진다는 사실입니다. 식사량, 식사시간, 금지음식, 몸무게, 칼로리 등 차가운 숫자들로 다이어트에 대한 의지를 강화할수록 몸은 자신의 목소리를 점점 잃어갑니다. 그래서 배가 고파도 공복감의 신호를 나에게 정확하게 보내주지 않고, 배가 불러도 포만감의 신호도 보내주지 않아서 과식으로 이어질 수 있습니다. 다이어트를 거듭할 때마다 신체자각 능력에 대한 신뢰가 떨어지면서 내가 언제 먹고, 언제 그만 먹어야 하는지를 판단하기가 점점 어

려워집니다. 식사와 체중에 대한 생각도 점점 더 경직될 뿐입니다.

엄격함은 내 몸을 나에게서 소외시킵니다. 피곤해도 쉬지 않고 일하고, 아파도 적절한 돌봄을 제공하지 못하면, 몸은 마침내 자신의 목소리를 닫아버릴지 모릅니다.

다시, 내 몸의 목소리를 찾아주어야 합니다. 다이어트를 하는 나에게 엄격함 대신에 다정함으로 대해주면 좋겠습니다. 우리는 친밀한 상대에게는 자신의 속마음을 잘 드러냅니다. 내 이야기를 귀 기울여 들어주는 사람에게는 솔직하게 말할 수 있습니다. 우리의 몸도 다정하게 다가갈 때, 우리에게 자신의 이야기를 들려줍니다. 배고플 때 배고프다고 말할 수 있고, 먹고 싶지 않을 때는 먹고 싶지 않다고 말할 수 있게 대한다면, 몸은 솔직하고 정확한 목소리로 우리에게 응답합니다. 무엇이든 억압할수록 그 압력은 거세지고, 결국에는 터지고 맙니다. 풍선을 최대치로 불면 뻥, 하고 터져버리듯 말입니다.

다이어트에도 다정함이 필요합니다. 내 몸에게 다정하게 다가갈 때, 몸은 정확한 자신의 목소리로 응답합니다. 엄격한 통제와 의지가 아니라 다정한 인정과 수용으로 대해줄 때, 몸은 나를 믿고 따르게 됩니다. 삶은 우리의 몸에 의지합니다. 내 몸에게 다정하게 대해줄 때, 다이어트도 더 건강하게 지속할 수 있습니다.

진짜 배고픔을 자각하는 법 

1. 나는 배고픔을 어떻게 느끼고 있을까요? 배고플 때 내 몸에서 보내는 신호를 다음의 질문에 답해보세요.

❶ 신체적 배고픔 : 실제로 배가 고플 때, 내 몸의 신호를 아래처럼 표시해보세요.

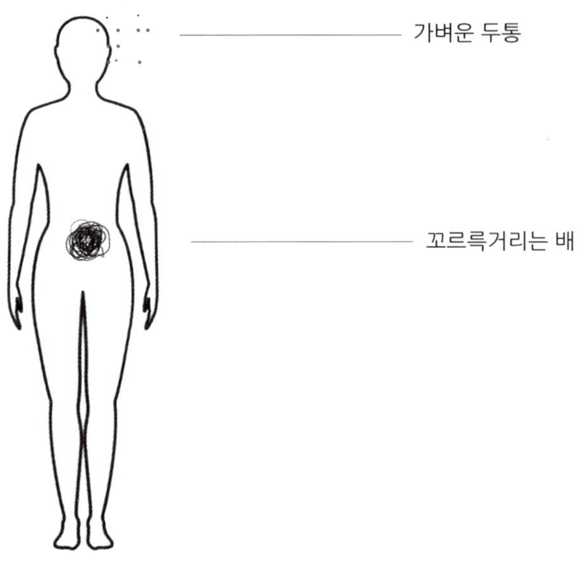

❷ 감정적 배고픔 : 실제로 배고프지 않는데 뭔가를 먹을 때는? (　　)

외로울 때 ☐　우울할 때 ☐　불안할 때 ☐　화날 때 ☐

무료할 때 ☐　스트레스를 받을 때 ☐　기타 (　　　　　　　)

2. 이제부터 뭔가를 먹을 때는 신체적 배고픔과 감정적 배고픔의 정도를 정확하게 파악해보세요. 아래 표를 활용하여 배고픔의 정도에 해당하는 곳에 점을 그려보세요.

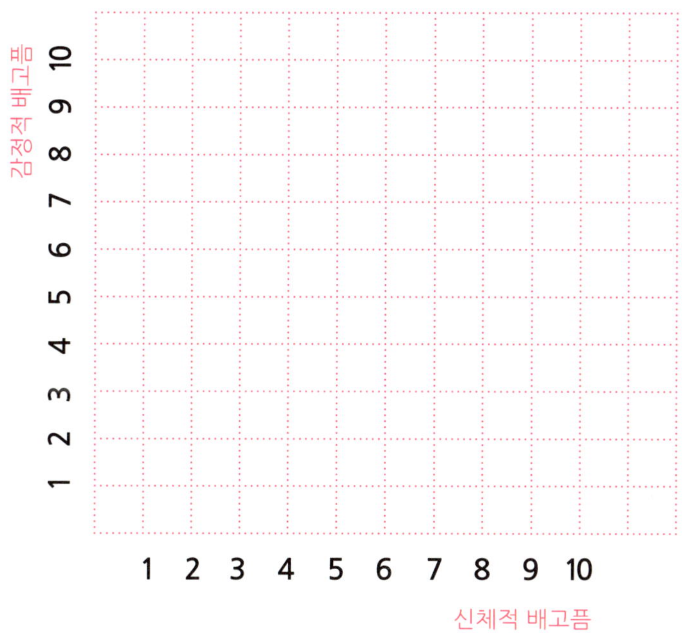

3. 위의 표에 장기간에 걸쳐 관찰한 내용을 기입하고, 특정한 패턴이 있는지 살펴보세요. 여기에 옳고 그름은 없습니다. 마음챙김은 우리가 경험하는 일에서 판단하지 않고 인식하는 태도를 키우는 것입니다.

________년 ____월 ____일

1. 오늘의 기분상태

스트레스 온도 (보통 → 높음)	1	2	3	4	5	6	7	8	9	10
심리상태	☐ 기쁨 ☐ 즐거움 ☐ 만족감 ☐ 평온 ☐ 슬픔 ☐ 우울 ☐ 불안 ☐ 분노 기타 ( )									
신체상태	☐ 활력 ☐ 상쾌함 ☐ 편안함 ☐ 무기력 ☐ 피로 ☐ 불면 ☐ 근육긴장 ☐ 얕은호흡 기타 ( )									

* 중복 가능

2. 오늘의 식사일기

시간과 장소	공복감 수준 0 ~ 3, 숫자로 표시	식사결정 계획적 / 즉흥적	식사메뉴	식전기분	식후기분

3. 오늘, 내 몸에 대해 알아차린 것은? (위의 1, 2번 내용 참고)

04 공복감을 선물하기

"배가 고플 때 먹고, 배가 부르면 먹지 않습니다."

이 말은 우리가 언제 식사를 멈추고, 시작할지를 말해주는 몸의 내적 신호에 귀 기울이라는 의미입이다. 배고픈 느낌, 즉 공복감은 기본적인 내적 신호입니다. 우리 몸은 꼬르륵거리는 뱃속 신호에 따라 음식에 대한 신체적 욕구를 표현합니다. 이런 내적 신호에 대한 감각이 높은 사람은 자신이 언제 먹어야 할지, 또 언제 그만 먹어야 할지를 잘 알아차릴 수 있습니다.

그런데 이런 내적 신호를 잘못 해석하는 경우가 있습니다. 바로 우리를 자꾸 음식의 유혹으로 내모는 외적 신호들에 둘러싸여 있을 때입니다. 풍미 가득한 베이커리 카페에 진열된 빵들, 다양한 맛을 자극하는 뷔페의 음식들, 알록달록한 디저트 등 이런 외적 신호들로 인해 우리의 몸은 공복감을 느낄 새도 없이 계속 음식의 유혹에 노출되고 있습니다. 특히 요즘처럼 각종 음식에 관한 정보나 서비스가 넘쳐나는 환경에서는 누구나 쉽게 외적 신호에 의해 식사 루틴이 깨지기 쉽습니다. 흔히들 삼시 세끼, 혹은 하루 두 끼를 먹는다고 생각하지만, 간식이나 커피, 음료 등까지 계산한다면 하루에 7, 8끼를 먹는 것과 같습니다. 몸의 입장에서는 음식물이 들어오면 똑같은 소화 과정을 쉬지 않고 거쳐야 하기 때문입니다. 내적 신호가 아닌 외적 신호에 따라 나의 식사계획이 움직인다면 그만큼 식사의 불균형이 일어날 확률도 높아집니다.

식사와 식사 사이에도 휴식시간이 필요합니다. 숙면을 취한 다음 날, 하루를 활기차게 시작할 수 있듯이, 하루의 컨디션을 안정적으로 유지하기 위해서는 적절한 시간 동안 공복감도 필요합니다. 몸의 세포도 쉬는 시간을 확보해야 음식을 소화시킬 힘을 충전할 수 있기 때문입니다. 요즘 유행하는 16대

8 간헐적 단식도 이런 몸의 휴식을 위해 공복감을 강조합니다. 건강전문가에 따르면 16시간 충분히 공복감을 유지하고 8시간 안에 하루의 식사를 마치면 몸의 전반적인 기능이 향상된다고 합니다. 소화력은 물론 면역력, 피부개선, 염증 개선 등 전반적인 몸의 컨디션 회복에 도움이 되기 때문입니다. 이처럼 충분한 공복감은 몸의 자체 정화능력을 키워줍니다.

몸과 마음의 컨디션을 잘 유지하는 사람들에게는 공통점이 있습니다. 바로 공복감을 충분히 유지한다는 것입니다. 잠을 자기 전 4시간, 기상 후 4시간, 공복감을 충분히 유지하며 일정한 시간에 규칙적으로 식사합니다. 식사에도 루틴의 건강이 어김없이 적용되는 것입니다.

기분 좋은 하루를 보내고 싶다면, 나에게도 공복감을 선사해보면 어떨까요? 공복감을 내 몸에게 주는 선물로 생각해보면 좋겠습니다. 음식물이 비어 있는 시간이 충분할수록 더 많은 건강이 채워질 수 있습니다. 공복감을 느낄 때마다 내 몸에게 격려의 한마디를 건네면 좋겠습니다. '아 내 몸이 쉬고 있구나, 내가 방해하지 않아야겠다. 위가 잘 쉬고 난 후, 더 좋은 음식으로 충전시켜주어야겠다.'

기분 좋은 아침은 그냥 오지 않습니다. 전날 과식이나 야식을 하지 않고, 공복감을 충분히 유지한 덕분에 우리는 좋은 하루를 보낼 수 있습니다.

공복감을 지키는 법 

식사든 간식이든 뭔가를 먹기 전에는 자신에게 질문을 던져보는 습관을 가져보세요. 무엇이 나를 먹고 싶게 하는지 잠시 멈추어 생각할수록 진짜 식욕과 가짜 식욕을 구별할 수 있습니다. 그러면서 나에게 필요한 공복감의 시간을 찾아가게 됩니다. 다음의 질문에 답해보면서 나에게 적절한 공복감의 시간을 찾아보세요.

❶ 먹고 싶은 욕구 평가하기 (식사 욕구 점수)

음식을 먹기 전, 10분 동안 경험한 식사 욕구나 충동을 표시합니다. 1부터 10단께에서 숫자가 높을수록 식사 욕구가 높은 상태입니다.

점수	1	2	3	4	5	6	7	8	9	10
식욕 수준										

❷ 먹어야 할 필요 평가하기 (식사 필요 점수)

음식을 먹기 전, 나의 생리적 공복감의 정도를 표시합니다. 숫자 1은 배가 너무 배부른 상태, 5는 배가 고프지도 부르지도 않은 상태, 10은 극심한 공복감 상태입니다.

점수	1	2	3	4	5	6	7	8	9	10
공복감 수준										

❸ 식사 욕구와 식사 필요 비교하기

❶번 식사욕구 점수와 ❷번 식사필요 점수를 각각 적어보세요. 두 점수를 비교하면 어떤 차이가 있나요? 그 차이에 대해 다음과 같이 생각해보세요.

나의 식사 욕구는 ______ 점수

나의 식사 필요는 ______ 점수

1. 욕구 점수 > 필요 점수, 이 차이를 어떻게 생각하세요?

2. 욕구 점수 < 필요 점수, 이 차이를 어떻게 생각하세요?

3. 욕구 점수 = 필요 점수, 이것을 어떻게 생각하세요?

_______ 년 ____ 월 ____ 일

1. 오늘의 기분상태

스트레스 온도 (보통 → 높음)	1	2	3	4	5	6	7	8	9	10
심리상태	☐ 기쁨　☐ 즐거움　☐ 만족감　☐ 평온　☐ 슬픔 ☐ 우울　☐ 불안　☐ 분노　기타 (　　　　　)									
신체상태	☐ 활력　☐ 상쾌함　☐ 편안함　☐ 무기력　☐ 피로 ☐ 불면　☐ 근육긴장　☐ 얕은호흡　기타 (　　　　　)									

* 중복 가능

2. 오늘의 식사일기

시간과 장소	공복감 수준 0~3. 숫자로 표시	식사결정 계획적 / 즉흥적	식사메뉴	식전기분	식후기분

3. 오늘, 내 몸에 대해 알아차린 것은? (위의 1, 2번 내용 참고)

05 충동을 길들이기

습관을 바꾼다는 것, 특히 식사습관을 바꾼다는 것은 삶의 방식을 전면적으로 바꾸는 것만큼 어렵습니다. 한 번쯤 식사습관을 바꾸려고 시도해본 적이 있다면, 이것이 얼마나 고통스러운 일인지 잘 이해할 수 있습니다. 그렇다면 왜, 식사습관은 그토록 바꾸기가 힘들까요? 여기에 충동의 그림자가 숨어 있습니다.

"딱 한 입만 더!" 음식 앞에서 이런 충동에 빠져보지 않은 사람은 없을 겁니다. 음식이 주는 쾌락은 너무도 강렬하여 자기만의 식사습관을 잘 유지하던 사람도 한순간에 무너지기 쉽습니다. 피곤한 하루를 보내고 침대에 눕기 전, 뭔가 먹고 싶다는 욕구가 불쑥 고개를 들 때, 내일 아침 부은 얼굴은 안중에도 없이 손은 벌써 냉장고 문을 열고 있습니다. 후회하더라도 '일단 먹고 보자'라는 강렬한 식탐의 충동! 왜 이렇게 먹고 싶다는 충동은 그림자처럼 우리를 따라다니는 걸까요?

그 원인은 우리 뇌에서 찾아볼 수 있습니다. 충동은 의결결정을 내리는 데 관여하는 전전두 피질(prefrontal cortex)에서 시작됩니다. 이곳에서는 '지금' 대 '나중'의 등식을 재빨리 비교하여 지금 나에게 필요한 선택을 하도록 돕습니다. 예컨대 지금 작은 보상(떡볶이!)을 원하는지, 아니면 나중에 더 큰 보상(체중 감량)을 원하는지를 선택하는 데 결정적인 영향을 미칩니다. 그런데 과체중인 사람들의 경우, 식탐을 주도하는 뇌 영역을 차단하는 능력이 평균 체중인 사람들에 비해 떨어진다는 연구 결과가 있습니다. 다시 말해, 음식이라는 즉각적인 보상에 뇌가 민감하게 반응하여 음식의 유혹에 쉽게 빠진다는 것입니다. 매번 다이어트를 실패하는 자신에게 의지가 아니라 뇌를 탓해야 한

다는 말은 이런 의미에서 적확한 지적입니다.

그렇다면 식탐의 충동을 조절하기 위해서는 좀 더 지혜로운 방법이 필요합니다. 여기에 '반응'하지 않고 '대응'하기 전략을 제안합니다. 반응이 충동에 직접적으로 맞서는 것이라면, 대응은 거리를 두며 차선책을 준비하는 것입니다. 즉, '식탐에 빠져드는 자신과 맞서는 대신에 자신과 거리두기(Self-Distancing)를 통하여 음식으로 향하는 충동에 다른 대안을 찾아볼 수 있습니다. 물론 이런 대응하기 전략으로 충동이 완전히 없어지지는 않지만, 적어도 충동을 경험하는 방식은 바뀔 수 있습니다.

사실 충동적인 결정은 비단 식사습관에만 국한하지 않습니다. 충동적인 구매, 충동적인 말, 충동적인 분노, 충동적인 행동 등 우리를 둘러싼 일상생활에서 충동적인 결정은 호시탐탐 균열을 내고, 우리를 후회하는 선택으로 몰아갑니다. 이럴 때마다 '잠시 멈춤!' 하며 거리두기를 하면, 충동이 미치는 영향을 예민하게 감지할 수 있습니다. 다행히 충동을 잘 인지하도록 뇌를 단련시키면 충동적인 음식섭취를 억누르는 데 도움이 된다는 연구결과도 있습니다. 이것을 절제 훈련(inhibitory training)이라고 부릅니다. 말하자면 '잠지 멈춤'에 관여하는 뇌 영역을 단련시킬수록 음식 앞에서 쉽게 무너지지 않는다는 것입니다.

충동을 길들이는 법 

우리는 일단 먹기 시작하면 중단할 힘이 있다고 생각하지 못합니다. 하지만 나에게는 분명 멈출 힘이 있습니다. 이를 위해 뭔가 먹고 싶다는 욕구에 대응하기 위한 방법으로 '멈춰!' 자기주문을 제안합니다. 원하는 것을 인지한 순간마다 '멈춰!' 하며 자기주문을 걸어봅니다. 이것은 인지한 순간과 실제로 그것을 얻기까지 시간 간격을 의식적으로 조절하기 위해서입니다.

다음과 같이 하루 생활 속에서 의도적으로 뭔가를 자제하는 순간을 일부러 만들어봅니다. 그리고 충동을 길들이는 자기만의 주문과 방법을 적어보세요.

◆ 걸을 때 "멈춰" 하고 소리 내어 말합니다. 잠시 걸음을 멈추었다가 다시 걷기 시작합니다.

◆ 물을 한 잔 마시다가 임의의 순간에 잠시 멈춥니다. 그런 다음 다시 마시기 시작합니다.

◆ 처음에는 1분 정도 멈추고 나서 자신이 뭔가를 원한다는 걸 인지하고, 그것을 먹기까지 시간 간격을 차츰 늘려갑니다.

◆◆◆◆◆◆◆◆◆

1. 뭔가를 먹고 싶을 때마다 '저것이 먹고 싶어'라는 내면의 목소리를 알아차리고, 잠시멈춤 버튼을 누릅니다. 그리고 멈춤을 위한 자기주문의 한마디를 빈 칸에 적어봅니다.

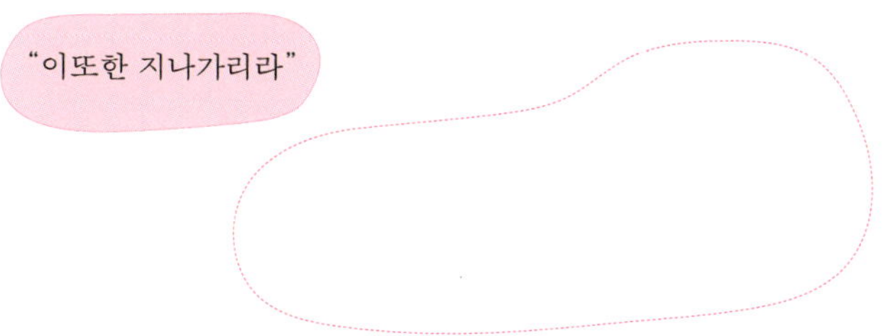

2. 잠시 멈춤을 위해서 나에게 효과적인 방법들이 무엇이 있을까요? 그 방법들을 적어보세요. (예 : 타이머 작동하기, 호흡하기, 친구에게 전화 걸기 등)

DAY 06

________년 _____월 _____일

1. 오늘의 기분상태

스트레스 온도 (보통 → 높음)	1	2	3	4	5	6	7	8	9	10
심리상태	☐ 기쁨　　☐ 즐거움　　☐ 만족감　　☐ 평온　　☐ 슬픔									
	☐ 우울　　☐ 불안　　☐ 분노　　기타 (　　　　　)									
신체상태	☐ 활력　　☐ 상쾌함　　☐ 편안함　　☐ 무기력　　☐ 피로									
	☐ 불면　　☐ 근육긴장　　☐ 얕은호흡　　기타 (　　　　　)									

* 중복 가능

2. 오늘의 식사일기

시간과 장소	공복감 수준 0~3. 숫자로 표시	식사결정 계획적 / 즉흥적	식사메뉴	식전기분	식후기분

3. 오늘, 내 몸에 대해 알아차린 것은? (위의 1, 2번 내용 참고)

06 *Boundaries in eating*
식사경계 만들기

친구들과의 즐거운 저녁식사 자리입니다. 이야기꽃이 피어나고, 테이블 위에는 맛있는 냄새로 유혹하는 음식들이 한가득 놓여 있습니다. 마주보고 앉은 친구가 음식을 맛있게 먹고 있습니다. 나에게도 자꾸 음식을 권합니다. 한 입, 또 한 입… 화기애애한 분위기에 취해서인지 평소 잘 먹지 않던 음식도 자꾸 먹게 됩니다.

누군가와 함께 먹으면 과식을 하거나 적게 사람이 있습니다. 상대를 배려해서든 분위기에 취해서든 평소 식사량보다 더 많이 먹거나, 혹은 더 적게 먹으면서 자기만의 식사 루틴이 흔들립니다. 이렇듯 우리는 의식하든 의식하지 못하든 주변 환경에 따라서 식사 내용이 변할 수 있습니다. 특히 함께 먹는 사람의 식사 행동을 그대로 따라하는 경우도 종종 있습니다. 이런 습성 때문에 나보다 많이 먹는 사람과 식사를 하게 되면 평소보다 더 많이 먹기도 합니다. 이처럼 자신도 모르게 상대방의 행동을 따라하는 것을 행동 모방(behavioral mimicry) 현상이라고 합니다. 모방은 인지와 행동 사이의 신경고리 때문에 나타납니다. 즉, 상대방의 동작을 인지하면 동일한 동작을 관장하는 자신의 운동 신경이 활성화되고, 이에 따라 동일한 동작을 시작할 가능성이 높아지는 것입니다.

이런 행동 모방에 휘둘리지 않기 위해서 식사 약속을 할 때도 사전준비가 필요합니다. 바로 나만의 식사경계를 인식하고 유지하는 것입니다. 경계(Boundary)란 나를 타인에게서 안전하게 분리시켜주는 심리적 테두리로 나를 보호해주는 역할을 합니다. 경계 덕분에 상대방은 나의 영역 안으로 함부로 침범하지 못하게 됩니다. 음식에서든 관계에서든 경계는 내가 타인에게,

그리고 타인이 나에게 침범하지 않거나 고립되지 않도록 방지하는 데 반드시 필요합니다.

식사경계를 잘 지키는 사람들은 어떤 식사자리에서도 효과적으로 자기만의 식사루틴을 잘 유지할 수 있습니다. 설혹 상대방의 제안이나 권유에도 정중히 거절하며, 내가 원하는 식사를 지킬 수 있습니다. 식사 자리의 분위기나 상대방의 요구에 흔들리지 않고 적절히 상대방과 나 사이의 경계를 존중한다면 음식과의 관계도 더 단단해질 수 있습니다. 물론 식사경계를 설정한다고 상대를 무시하거나 무례해지라는 의미는 아닙니다. 단지 나의 식사경계가 어느 쯤에 있는지, 그 경계가 밀리거나 침범 받는다고 느끼는 부분이 있는지를 알아차리고, 그럼으로써 나의 식사를 존중받기 위해서입니다. 나 역시도 상대방의 식사 영역을 침범하지 않기 위해서 식사경계는 반드시 필요합니다.

식사경계를 지키는 법 

평소 식사습관이 건강하지 않은 사람과 만났을 때는 나의 식사에 더 주의를 기울여야 합니다. 상대방이 과식이나 과음을 자주 한다거나, 패스트푸드를 즐겨먹는다면 더욱 식사경계를 명확하게 해야 합니다.

다음과 같이 식사경계를 지키기 위한 나만의 방법에 답해보세요.

1. 식사경계를 설정하는 방법으로 "아니요"라고 말하는 연습을 해봅니다. 원치 않는 음식을 권유받을 때, 상대를 존중하면서 나의 의사를 명확하게 전달합니다. 거절은 명료하되 부드러운 어조가 효과적입니다. 다음의 경우처럼 나만의 식사경계를 지키는 말을 적어보세요.

   ◆ "아니요, 괜찮습니다. 디저트를 나눠주지 않으셔도 됩니다."
   ◆ "맛있어 보이지만, 정말 괜찮습니다."
   ◆ "저는 지금이 딱 좋네요. 나중에 먹겠습니다."

2. 나의 건강한 식생활에 힘이 되는 사람과 방해가 되는 사람이 있습니다. 가족,
   배우자, 자녀, 친구, 동료, 지인 등 나의 식생활에 미치는 유익한 영향을 주는
   조력자와 해로운 영향을 끼치는 방해자를 적어보세요.

	이름	내용
조력자		
방해자		

DAY 07

________년 ____월 ____일

1. 오늘의 기분상태

스트레스 온도 (보통 → 높음)	1	2	3	4	5	6	7	8	9	10
심리상태	☐ 기쁨	☐ 즐거움	☐ 만족감	☐ 평온	☐ 슬픔					
	☐ 우울	☐ 불안	☐ 분노	기타 (						)
신체상태	☐ 활력	☐ 상쾌함	☐ 편안함	☐ 무기력	☐ 피로					
	☐ 불면	☐ 근육긴장	☐ 얕은호흡	기타 (						)

* 중복 가능

2. 오늘의 식사일기

시간과 장소	공복감 수준 0~3. 숫자로 표시	식사결정 계획적 / 즉흥적	식사메뉴	식전기분	식후기분

3. 오늘, 내 몸에 대해 알아차린 것은? (위의 1, 2번 내용 참고)

07 *Healing Food*
음식으로 위로받기

평생 잊지 못할 어떤 맛이 있습니다. 어린 시절, 엄마가 정성껏 만들어주시던 달걀찜, 헤어진 연인과 맛있게 먹었던 일본식 카레, 피곤한 하루를 풀어주던 자몽 티 한 잔…. 맛으로 기억되는 순간은 언제나 따뜻한 위로를 주었습니다. 영화 〈리틀 포레스트〉에선 엄마의 빈자리를 음식으로 채워가는 딸의 모습이 나옵니다. 슬픔에 주저앉지 않고 그녀는 주방에서 요리를 하며 살아갈 힘을 얻습니다. 이처럼 음식이 위로가 될 때, 우리는 슬픔도 새롭게 요리할 수 있습니다.

마음의 허기를 달래주면서 위로음식(Comfort Food)은 나의 곁으로 다가옵니다. 이때 음식은 단순히 영양소를 섭취하는 데 그치지 않고, 마음의 안정과 휴식까지 선사합니다. 음식의 맛은 기억과 연결되어 있습니다. 어떤 음식을 먹을 때, 그 맛은 혀의 미각, 코의 후각 등을 통해 기억의 저장소인 해마(hippocam-pus)에 차곡차곡 쌓입니다. 마르셀 프루스트의 소설 《잃어버린 시간을 찾아서》에서 주인공이 홍차에 적신 마들렌 하나로 유년의 기억을 되찾는 것처럼 말입니다. 이러한 기억의 소환을 '프루스트 효과' 또는 '마들렌 효과'라고 부릅니다. 누구나 자기만의 위로음식이 있습니다. 그리운 사람, 그리운 장소, 그리운 어느 시절로 돌아가고 싶을 때, 그 순간을 함께했던 맛을 다시 소환해보는 것으로도 잠시 행복에 젖을 수 있습니다. 마치 순간이동을 한 듯, 그 순간의 나를 만날 수도 있습니다. 이것이 음식이 주는 위로의 맛입니다.

다이어트를 하면서 가장 큰 스트레스는 이런 위로음식까지 먹을 수 없다는 것입니다. 그런데 위로음식까지 금지한다고 다이어트에 성공할 수 있을까요?

억압하면 폭발한다는 사실! 먹고 싶은 걸 참으면 결국 더 많이 먹게 됩니다. 이럴 때 위로음식은 다이어트에 매여 있는 나를 이완시켜주면서 다이어트를 더 지속적으로 이어가도록 완충제 역할을 해줍니다. 음식 때문에 힘든 것이 아니라, 음식 덕분에 다이어트를 더 오래 지속할 수 있습니다. 바로 위로음식의 힘을 통해서 가능합니다.

이제부터 음식을 나의 위로자원으로 활용해보면 어떨까요? 위로음식을 직접 만들어보는 것도 이런 노력의 하나입니다. 직접 칼로 썰고, 껍질을 벗기고, 재료를 섞으면서 풍부한 향과 아름다운 색깔의 조화를 음미한다면 몸은 물론 마음까지 위로받을 수 있습니다. 연구에 따르면 요리를 많이 하는 사람일수록 체중 감량 폭이 더 크다고 합니다. 다이어트에 대한 강박은 식탐을 더 자극하게 됩니다. 다이어트 스트레스를 유발하기 때문입니다. 이럴 때는 위로음식으로 나에게 적절히 보상을 해주면 어떨까요? 음식과 싸우지 말고 음식과 사이좋게 지내기, 이제 위로음식으로 다이어트가 좀 더 행복한 시간이 되면 좋겠습니다.

음식으로 위로받는 법 

평생 잊지 못하는 누군가처럼 음식에도 오래도록 간직하고 싶은 맛이 있습니다. 그 맛이 힘든 하루를 견디게 해주는 힘이 되기도 합니다. 나에게는 어떤 맛이 그런 힘이 있나요? 그 음식은 무엇인가요? 나만의 위로음식을 떠올려보며 이미지로 그려보세요.

나만의 위로음식을 이미지로 그려보았다면 이제는 위로음식에 관한 기억을 차분히 떠올려봅니다. 그리고 추억의 맛이 마음속에서 식지 않기 위해서 다음과 같이 글로 적어봅니다.

1. 위로음식이 나에게 주었던 행복한 감각을 떠올려보고, 그 느낌을 자유롭게 글쓰기로 표현해보세요.(예: 비오는 날의 김치전, 온 가족이 웃고 떠들며 느꼈던 따뜻한 행복감)

2. 위로음식을 함께 먹었던 사람을 떠올려보고, 그 사람에게 안부의 말을 건네보세요. (예: '잘 지내고 있나요? 자주 먹었던 카레가 생각나네요.')

DAY 08

__________년 ______월 ____일

1. 오늘의 기분상태

스트레스 온도 (보통 → 높음)	1	2	3	4	5	6	7	8	9	10
심리상태	☐ 기쁨 ☐ 즐거움 ☐ 만족감 ☐ 평온 ☐ 슬픔 ☐ 우울 ☐ 불안 ☐ 분노 기타 ( )									
신체상태	☐ 활력 ☐ 상쾌함 ☐ 편안함 ☐ 무기력 ☐ 피로 ☐ 불면 ☐ 근육긴장 ☐ 얕은호흡 기타 ( )									

* 중복 가능

2. 오늘의 식사일기

시간과 장소	공복감 수준 0 ~ 3. 숫자로 표시	식사결정 계획적 / 즉흥적	식사메뉴	식전기분	식후기분

3. 오늘, 내 몸에 대해 알아차린 것은? (위의 1, 2번 내용 참고)

08 *Peace of mind* 평정심을 회복하기

아침부터 쏟아지는 스마트폰 알람, 자극적인 뉴스들, 갈등과 긴장이 끊이지 않는 관계들…. 이런 스트레스 가득한 일상생활 속에서 '평정심을 유지하고 하던 일을 계속하기(Keep Calm and Carry On!)'란 정말 쉽지 않습니다. 하지만 다시 생각하면, 너무 힘든 상황에선 내가 하던 일을 계속하는 것밖에 달리 방법도 없습니다.

그런데 정작 어려운 것은 평정심을 유지하는 일입니다. 평정심이란 휘둘리지 않는 마음입니다. 평정심은 식탐을 유발하는 음식 앞에서도 중요하게 작용합니다. 마음이 평온할 때, 음식의 유혹에도 쉽게 무너지지 않습니다. 나에게 최선의 선택이 가져올 유익을 계산할 수 있도록 평정심이 심리적 여유를 제공해주기 때문입니다. 그렇지 않고 감정의 파도가 휘몰아치는 상태라면 나의 판단과 선택은 자칫 후회로 돌아올 수 있습니다. 먹지 않아도 될 감자튀김을 먹고, 화난 상태에서 가시 돋친 한마디를 내뱉고, 나중에는 '내가 왜 그랬을까' 하며 자책하고 후회합니다. 그래서 평정심이 흔들린다는 것은 후회하는 나와 마주한다는 의미이기도 합니다.

그렇다면 평정심, 즉 평온한 마음은 어떻게 찾을 수 있을까요? 평정심을 위해서 우선적으로 내 몸의 안정화가 중요합니다. 몸이 안정적이어야 마음도 평온해지기 때문입니다. 그래서 몸이 이른바 '투쟁-도주' 반응으로 넘어가지 않도록 해야 합니다. 투쟁-도주 반응(Fight-or-Flight Response)이란 신체적 생존에 위협이 된다고 인지하는 상황에 직면했을 때, 자동으로 발동되는 본능적 반응입니다. 일단 이 반응이 시작되면 사실상 합리적인 의사결정이 불가능한 상태에 빠집니다. 예를 들어 강도를 눈앞에서 마주한 상황을 떠올려보세요.

이 상태에서는 나의 모든 에너지를 생존에 집중하게 되어 어떤 합리적인 생각이나 감정을 헤아릴 여유가 없습니다. 사실 일상생활에서 생존에 즉각적인 위협을 느낄 만큼 위험한 상황은 거의 없지만, 만성적인 스트레스나 격한 감정 상태는 우리를 자주 투쟁-도주 상태로 몰아가기도 합니다. 이런 식으로 우리는 마주하는 위협의 종류에 따라 도망치거나 그 자리에 남아 싸울 준비를 하게 됩니다. 문제는 실제로 생명을 위협하는 위험 요소가 아닌데도 너무 많이 '위협'을 느낀다는 점입니다. 업무 마감일, 동료와의 말다툼처럼 일상의 작은 스트레스도 위협으로 인식하면서 우리 몸은 마치 위험상황에 빠진 것처럼 반응한다는 점에서 이것은 거짓 경보와 다름없습니다.

다행스러운 점은 몸과 마음을 평온한 상태로 전환시키는 방법이 학습으로 가능하다는 점입니다. 게다가 평온한 상태를 유지하는 것은 건강한 식사를 선택하고, 감정적 먹기를 지양하는 데에 도움이 됩니다. 일이든 관계든 그리고 식사 선택이든 평정심은 나에게 가장 유리한 선택을 가져다줍니다. 음식과 건강한 관계를 위해서 먼저 평정심부터 챙겨보면 좋겠습니다.

평정심을 유지하는 법 

평정심을 위한 활동으로 만다라 컬러링이 있습니다. 만다라 컬러링은 주로 명상이나 정신적 치유를 위한 예술 활동 중 하나로 알려져 있습니다. 점, 선, 원 등 기본적인 도형은 한가운데를 중심으로 펼쳐져 있는데, 이를 컬러링 하는 것은 마음의 안정을 높이는 데 도움이 됩니다.

만다라 컬러링을 시작하기 위해 다음 단계를 따라가봅니다. 고요한 음악이나 명상 음악을 틀어놓으면 더욱 평온함을 경험할 수 있습니다.

❶ 만다라 그림에 잠시 머물기

  그림의 중심을 마치 내 마음의 중심인 것처럼 잠시 쳐다봅니다.

❷ 색상을 선택하고 천천히 색칠하기

  색연필 등을 사용하여 원하는 색상으로 자유롭게 색칠하세요. 조금씩 천천히 색칠하는 것이 좋습니다. 이를 통해 명상과 집중이 높아질 수 있습니다.

❸ 나의 의미 찾기

  컬러링을 하면서 각 부분에 특정한 의미를 심어 놓을 수 있습니다. 그 의미를 음미해보면 더욱 흥미로운 경험이 될 수 있습니다.

❹ 제목 붙이기

  완성된 만다라를 조용히 바라봅니다. 떠오르는 어떤 감정이나 생각이 있다면 그것으로 제목을 만들어봅니다.

【제목 :   】

DAY 09

_______년 ____월 ____일

1. 오늘의 기분상태

스트레스 온도 (보통 → 높음)	1	2	3	4	5	6	7	8	9	10
심리상태	☐ 기쁨	☐ 즐거움	☐ 만족감	☐ 평온	☐ 슬픔					
	☐ 우울	☐ 불안	☐ 분노	기타 (	)					
신체상태	☐ 활력	☐ 상쾌함	☐ 편안함	☐ 무기력	☐ 피로					
	☐ 불면	☐ 근육긴장	☐ 얕은호흡	기타 (	)					

* 중복 가능

2. 오늘의 식사일기

시간과 장소	공복감 수준 0～3, 숫자로 표시	식사결정 계획적 / 즉흥적	식사메뉴	식전기분	식후기분

3. 오늘, 내 몸에 대해 알아차린 것은? (위의 1, 2번 내용 참고)

Eating habits
작은 식습관부터 바꾸기

우리는 여러 가지 이유로 과식을 하지만, 또 다른 이유 중 하나는 바로 습관적으로 먹는다는 것입니다. 습관은 아무 의식 없이 무의식적으로 이루어지는 행동입니다. 누구나 각자 자기만의 식습관이 있고, 그 중에는 건강에 유익한 것도 있습니다. 하지만 늦은 밤 잠자리에 들기 전, 간식을 먹는 것처럼 건강에 유익하지 않은 식습관도 분명 있습니다.

혹시 나에게도 무심코 먹는 습관이 있나요? 먹기에는 의도적인 먹기(적극적인 선택에 의한)와 비의도적 먹기가 있습니다. 나의 식습관을 관찰하면서 중요한 것은 인지하지 못한 상태로 먹는 행동(무심코 하는 군것질 등)을 파악하는 것입니다. 이런 식습관 관찰 작업을 통해 우리는 자신의 식사습관을 바로잡을 수 있습니다. 식습관을 바꾸는 것은 상당히 어려운 일입니다. 나도 모르게 먹는 순간을 포착해야 하기 때문입니다. 이를테면 지루할 때, 나도 모르게 군것질을 한다는 사실을 알아차려야 합니다. 그런 순간을 포착함으로써 잘못된 식습관으로 인한 먹는 행위를 '일단' 멈출 수 있습니다. 이것은 마치 시냇물이 흐르는 방향을 바꾸는 일과 비슷합니다.

자신의 식습관을 자각하고 나면, 이제부터 자꾸 문제 행동이 눈에 띌 수밖에 없습니다. 특히 다이어트를 시작한 사람들은 자기인식을 통해서 자신의 식습관이 어떤 식으로 매번 건강에 좋지 못한 결정을 내리는지를 면밀하게 살펴야 합니다. 식습관 바꾸기에서 중요한 것은 오래된 나쁜 습관을 깨뜨리기보다는 긍정적인 새로운 습관을 만드는 데 주력하는 것입니다. 많은 사람들이 오래된 습관을 버리려고 자신과 힘든 싸움을 벌이지만, 그 전략은 대체로 실패할 가능성이 높습니다. 반면에 건강에 유익한 새로운 습관이 몸에 익숙

해지면 나쁜 습관은 별다른 노력을 기울이지 않아도 자연스럽게 사라집니다.

혹시, 나의 식습관 중에서 가장 먼저 바꾸고 싶은 것은 무엇인가요? 거창할 필요는 없습니다. 변화는 아주 작은 것에서 시작합니다. 만약 오늘 당분이 많은 음료를 마셨다면, 달콤한 향이 우러난 레몬 티로 바꿔보면 어떨까요? 긍정적인 식습관을 보완해주면 자연스럽게 나쁜 식습관과는 멀어질 수 있습니다. 습관은 가소성이 매우 높습니다. 내가 선택하고, 행동할수록 그것은 더욱 강화됩니다.

매일의 식사 선택이 나의 식습관이 됩니다. 음식은 나의 삶을 유지하는 가장 기본적인 요소입니다. 그래서 나답게 잘 살기를 원하는 사람은 함부로 먹지 않습니다. 나에게 이로운 식사 선택이 건강한 삶으로 이어지기 때문입니다. 웰이팅(Well-Eating)이 웰리빙(Well-Living)으로 이어진다는 사실을 다시 한 번 기억하면 좋겠습니다.

식습관을 바꾸는 법

대부분의 잘못된 식사습관은 자신도 모르게 이뤄집니다. 즉, 의식하지 않고 습관대로 먹는 것입니다. 이때, 나의 식사습관을 객관화한다면 나에게 유익한 선택으로 바꿀 수 있는 여유가 생깁니다. 평소 과식과 폭식을 하고 있다면 알아차리는 것만으로도 적게 먹을 수 있습니다. 여기에 식사습관 관찰일기가 도움이 됩니다. 다음과 같이 식사습관 관찰일기를 써봅니다.

1. 바꾸고 싶은 식사습관이 있다면 1번 메모지에 적어봅니다.(예 : 텔레비전을 보면서 식사를 하거나, 늦은 시간에 간식을 먹는 경우 등)

2. 다음과 같이 현재의 잘못된 식사습관에 대한 대안으로 나에게 유익한 식사습관을 2번 메모지에 적어봅니다.

   ◆ 탄산음료 대신 물을 마신다.
   ◆ 식사하는 동안에는 어떤 다른 행동도 하지 않는다.
   ◆ 매일 과일이나 과일 샐러드를 조금씩 간식으로 사무실에 챙겨간다.

_______ 년 ____월 ____일

1. 오늘의 기분상태

스트레스 온도 (보통 → 높음)	1	2	3	4	5	6	7	8	9	10
심리상태	☐ 기쁨　　☐ 즐거움　　☐ 만족감　　☐ 평온　　☐ 슬픔 ☐ 우울　　☐ 불안　　☐ 분노　　기타 (　　　　　)									
신체상태	☐ 활력　　☐ 상쾌함　　☐ 편안함　　☐ 무기력　　☐ 피로 ☐ 불면　　☐ 근육긴장　　☐ 얕은호흡　　기타 (　　　　　)									

* 중복 가능

2. 오늘의 식사일기

시간과 장소	공복감 수준 0 ~ 3. 숫자로 표시	식사결정 계획적 / 즉흥적	식사메뉴	식전기분	식후기분

3. 오늘, 내 몸에 대해 알아차린 것은? (위의 1, 2번 내용 참고)

10 *Perspective*
관점을 전환하기

피할 수 없다면 즐겨라! 이 말은 감정식사를 대하는 태도에도 유효합니다. 끔찍한 하루를 보내고 집으로 돌아가는 길, 산더미 같은 일과 꼬여버린 관계를 떠올리면 오늘도 도무지 편하게 잠들 수 없을 것 같습니다. 컵에 가득 찬 물처럼 오늘도 스트레스로 가득한 하루를 보낸 나에게 어떤 음식이든 보상해주고 싶은 날입니다.

이처럼 감정식사의 유혹에 직면해 있을 때, 어떻게 이 힘든 상태에서 빠져나올 수 있을까요? 다른 방식으로 현재의 감정을 바라보는 것, 즉 새로운 관점을 부여하는 리프레이밍(reframing) 기법을 활용해보면 어떨까요? 리프레이밍이란 말 그대로 오래된 사진에 새 액자를 끼우듯 감정을 전환해보는 것입니다. 같은 풍경도 선글라스를 끼고 바라보면 다르게 보이듯 현재 내 감정의 프레임을 바꿔서 바라볼 수 있습니다. 이때 리프레이밍의 목표는 현재의 감정 자체를 바꾸는 것이 아니라 내 감정에 대해 이야기하는 방식을 바꾸는 것입니다.

다이어트도 일종의 감정을 돌보는 과정입니다. 식탐을 부르는 감정에 새로운 관점을 부여한다면 불필요한 야식이나 과식의 악순환에서 빠져나올 수 있습니다. 지속 가능한 다이어트는 나의 감정을 조절하고 돌보는 능력에 달려 있습니다. 스트레스든 우울이든 분노든 지금 내가 격한 감정에 빠져 있다면, 먼저 감정의 온도부터 낮추는 것이 필요합니다. 힘든 하루를 보내고 내 앞에는 두 가지 선택이 놓여 있습니다.

'정말 힘들어죽겠다. 그냥 뭐라도 막 먹고 보자.'

'수고했어, 오늘도! 수고한 나에게 따뜻한 차 한 잔을 대접해줄게.'

첫 번째는 스트레스에 대응하는 방법으로 곧바로 음식을 떠올렸고, 두 번째는 스트레스로 힘든 자신을 진정시키는 방법을 선택했습니다. 똑같은 스트레스 상황이지만 어떤 사람은 '먹는 행위'로, 또 다른 사람은 '자신을 돌보는 시간'으로 전환했습니다. 내가 생각하는 방식에 따라 처방도 다릅니다. 이처럼 감정의 틀을 재구성하는 작업은 우리 뇌에 특히 식탐을 중재하는 부위에 영향을 미칩니다.

감정의 틀을 재구성하면 식습관뿐 아니라 일상생활에도 긍정적인 변화를 경험할 수 있습니다. 퇴근 후 시간을 '자기와의 데이트'로 정의하고, 그동안 미뤄왔던 문화생활을 적극적으로 즐기는 분도 있습니다. 그 덕분에 습관적인 야식과 음주에서 벗어날 수 있었다고 고백했습니다.

내 관점에 따라 음식으로 내달리던 감정도 '잠시' 멈출 수 있습니다. 그리고 내가 진짜로 원하는 것이 무엇인지 귀 기울일 수 있습니다. 음식을 대하는 태도는 삶을 대하는 태도와 다르지 않습니다. 내가 원하는 삶을 살기 위해서는 나를 잘 돌봐야 합니다. 다이어트의 주도권이 나에게 있을 때, 진짜 변화는 시작됩니다. 외부 상황은 내가 바꿀 수 없지만, 그 상황을 해석하고 받아들이는 관점은 온전히 나의 것입니다. 그래서 '관점을 디자인하라'는 말은 음식을 대하는 태도에도 여전히 유효합니다.

나의 강점을 활용하는 법 

그동안 부족한 식생활에 너무 연연하지 않았나요? 그렇다면 이제부터 나의 강점을 최대한 활용하여 음식과 만나봅니다. 나의 강점과 만났을 때, 음식은 더 이상 적이 되지 않습니다. 다음과 같이 음식과 관련한 강점을 스스로 찾아보고 평가합니다. 이런 연습 활동은 잊고 있던 나의 강점을 되찾을 수 있게 도와줍니다.

1. 나의 식생활에서 잘한 점 써보기

나의 식생활에서 잘한 점을 떠올려보고 아래의 문장을 완성해보세요.

- ◆ 나는 (아침, 점심, 저녁)에 가장 건강한 식사를 했다.
- ◆ 내가 본래 좋아하는 건강한 음식은 __________이다.
- ◆ 내가 무척 좋아하면서도 폭식하지 않는 간식은 __________이다.
- ◆ 나는 __________을 먹을 때, 가장 건강하고 뿌듯하다.

2. 나만의 강점음식 만들기

내가 좋아하고, 또 그것이 건강에 유익하다면 나에게 최적의 음식이 됩니다. 건강한 식재료로 좋아하는 음식을 만들어보면 어떨까요? 나를 위한 최적의 음식 레시피를 작성해보세요. 다음의 항목에 따라서 간단하게 적어보세요.

◆ 요리명 :

◆ 준비물 :

◆ 만드는 순서 :

__________년 _____월 ____일

1. 오늘의 기분상태

스트레스 온도 (보통 → 높음)	1	2	3	4	5	6	7	8	9	10
심리상태	☐ 기쁨　☐ 즐거움　☐ 만족감　☐ 평온　☐ 슬픔 ☐ 우울　☐ 불안　☐ 분노　기타 (　　　　　　)									
신체상태	☐ 활력　☐ 상쾌함　☐ 편안함　☐ 무기력　☐ 피로 ☐ 불면　☐ 근육긴장　☐ 얕은호흡　기타 (　　　　　　)									

* 중복 가능

2. 오늘의 식사일기

시간과 장소	공복감 수준 0~3, 숫자로 표시	식사결정 계획적 / 즉흥적	식사메뉴	식전기분	식후기분

3. 오늘, 내 몸에 대해 알아차린 것은? (위의 1, 2번 내용 참고)

11 *Healing recipes*
힐링 레시피 만들기

자기 내면을 깊이 들여다보는 사람이 있습니다. 자신의 강점은 물론 단점까지 마주하는 사람. 이런 사람들에게는 특별한 능력이 있습니다. 바로 어떤 상황에서도 자신에게 유리한 선택을 끌어낸다는 점입니다. 만약 화가 많이 난 상태라면 '화를 먼저 가라앉힌 후 이야기를 해야겠다'라며 상대방과 대화를 조율해가는 능력도 그 중 하나입니다.

이처럼 자신이 어떤 상태인지를 알아차리는 자기인식 능력은 음식과의 관계에도 유용하게 적용됩니다. 자신이 극도의 스트레스 상태에 빠졌다면 자기인식 능력을 충분히 발휘하여 얼른 냉장고 앞을 벗어날 다른 옵션을 가동할 수 있습니다. 예를 들어 아이스크림 한 접시 못지않게(실제로 더 강력하게) 산책이 한층 더 자신을 진정시켜준다는 사실을 알고 있다면, 냉장고를 여는 대신에 곧바로 운동화를 신고 밖으로 나가는 선택을 내릴 수 있습니다.

다이어트를 현명하게 지속하기 위해서는 자기인식과 함께 자신을 달래줄 수 있는 다양한 힐링 레시피가 필요합니다. 여기서 힐링 레시피란 음식 이외의 방법으로 나를 즐겁게 해주는 심리자원이라고 할 수 있습니다. 외롭고 우울할 때, 먹고 싶은 유혹의 순간에서 초콜릿을 당장 먹을 것인가(음식 선택), 아니면 산책을 하고 샤워를 할 것인가(심리자원)를 두고 나는 어떤 결정을 내릴 수 있을까요? 만약 나에게 힐링 레시피가 풍부하다면 이 둘을 비교하면서 나에게 유리한 선택을 이끌어낼 수 있습니다.

자기만의 힐링 레시피가 있는 사람과 없는 사람은 확연히 차이가 납니다. 다양한 심리자원이 있다는 것은 그만큼 감정식사의 유혹을 다스리는 데도 유리합니다. 꼭 맛있는 음식을 먹어야 나의 기분이나 감정이 진정되는 것은 아

닙니다. 오히려 먹고 나서 후회와 죄책감이 나를 더 힘들게 하는 경우가 많습니다. 음식이 아닌 무엇이 나를 즐겁게 해줄까요? 평소에 나를 즐겁게 해주는 것을 찾아보고 직접 경험해보면 좋겠습니다. 자기만의 힐링 레시피를 얼마나 갖고 있느냐에 따라서 음식의 유혹 앞에서도 자신을 노련하게 설득할 수 있습니다.

'당장 이 초콜릿을 먹을래?' 아니면 '운동화 끈을 매고 밖으로 나갈까?'

나에게 음식이 아닌 산책이라는 힐링 레시피가 있다는 것은 그만큼 다이어트를 지속할 수 있는 힘이 됩니다. 물론 내가 어떤 사람인지를 항상 들여다볼 때, 더 많은 힐링 레시피도 만들어낼 수 있습니다. 결국 다이어트도 '나를 어떻게 돌볼 것인가'라는 자기탐구의 과정입니다.

마음의 안식처를 만드는 법 

내가 행복하다고 느낄 때, 불필요하게 음식을 찾지 않게 됩니다. 나를 즐겁게 해주는 것이 있다면, 그것으로도 만족감은 충분하기 때문입니다. 이런 일상의 즐거움은 가까운 데서 찾을 수 있습니다. 친구와 속내를 터놓고 이야기하는 것, 좋은 책을 읽는 것, 마음이 편해지는 그림을 보는 것, 영혼이 맑아지는 음악을 듣는 것 등 이런 심리자원을 '마음의 지원군'이라 부릅니다.

이제 지치고 힘들 때마다 나를 지켜주는 마음의 지원군으로 힐링 레시피를 만들어봅니다.

1. 내 마음의 지원군을 3가지 이상 떠올려보세요(예: 친구 만나기, 교회 가기 등)

2. 힐링 메트 위에 놓인 접시 안에 내 마음의 지원군들을 하나씩 적어보세요.

3. 나의 힐링 레시피에 이름을 만들어주세요.(예 : 나에게 힘이 되는 것들)

Healing mat

DAY 12

________년 ____월 ____일

1. 오늘의 기분상태

스트레스 온도 (보통 → 높음)	1	2	3	4	5	6	7	8	9	10
심리상태	☐ 기쁨	☐ 즐거움	☐ 만족감	☐ 평온	☐ 슬픔					
	☐ 우울	☐ 불안	☐ 분노	기타 (					)	
신체상태	☐ 활력	☐ 상쾌함	☐ 편안함	☐ 무기력	☐ 피로					
	☐ 불면	☐ 근육긴장	☐ 얕은호흡	기타 (					)	

* 중복 가능

2. 오늘의 식사일기

시간과 장소	공복감 수준 0~3. 숫자로 표시	식사결정 계획적 / 즉흥적	식사메뉴	식전기분	식후기분

3. 오늘, 내 몸에 대해 알아차린 것은? (위의 1, 2번 내용 참고)

12 *Friendship* 함께 행복하게 먹기

혼밥이 유행한 지 오래되었습니다. 이제는 라이프스타일로 여겨질 만큼 혼밥은 익숙한 일상의 풍경이 되었습니다. 그런데, 왜 혼밥을 원하는 사람들이 많아질까요? 사실, 나 혼자 식사를 하면 편리한 점이 많습니다. 우선, 내가 원하는 시간과 장소에서 마음 편하게 먹을 수 있습니다. 그래서 효율적인 식사를 원하는 사람들에게 혼밥은 매력적인 최적의 식사로 다가옵니다. 게다가 요즘처럼 바쁜 일상에서 밥 먹자는 약속도 부담스럽게 느껴지는 것도 사실입니다.

그런데, 이런 말이 있습니다. "외로우면 살찐다." 생각해보면 마음이 허전할 때, 이것저것 주전부리를 더 찾았던 것 같습니다. 약속 없는 주말에는 뭔가 허전하다는 외로움의 느낌이 스멀스멀 올라오기도 합니다. 이런 심리적 허기가 반복되면서 배가 고프지 않아도 배가 고픈 것 같은 착각을 일으킵니다.

혼밥도 좋지만 함께 먹는 식사의 즐거움도 포기하지 않았으면 합니다. 혼밥이 실용적인 식사라면 함께 먹는 밥은 연결의 식사라고 부르고 싶습니다. 내가 혼자가 아니라는 감각은 함께 식사하는 시간에서 찾을 수 있어서입니다. 식구란 함께 밥을 먹는 친구를 말합니다. 누군가와 연결되어 있다고 느낄 때, 더 안정적인 나를 만날 수 있습니다.

혼밥만 먹다가 어느 날 불쑥 누군가 떠오르는 한 사람이 있다면 내가 먼저 밥 먹자고 말해보면 어떨까요? 행복은 추상적인 것이 아니라 실질적입니다. 좋아하는 사람과 함께 밥 먹는 것! 이것만 잘 실천해도 행복은 커피 한 잔을 마시는 것처럼 가까워집니다.

다이어트도 혼자보다는 누군가와 함께할 때 더 오래 지속할 수 있습니다. 아무리 좋은 것도 혼자서는 느슨해질 수 있습니다. 식사가 주는 즐거움도 마

찬가지입니다. 함께 건강한 음식을 먹을 때의 행복은 마치 나에게 든든한 지원군이 있다는 느낌을 들게 합니다. 혼자보다는 함께 먹으면서 누리는 가장 큰 이득은 내가 혼자가 아니라는 행복한 감각입니다.

소중한 관계를 기억하는 법 

내가 좋아하는 음식을 함께 먹고 싶은 사람이 있나요? 그 사람들을 모두 모두 떠올려보세요. 아무도 생각나지 않는다면 자주 보는 사람들도 괜찮습니다. 눈을 감은 채 그 사람들이 나에게 선사하는 따뜻한 마음과 사랑, 다정함을 생각해보세요.

1. 나의 두 팔 안에 그 사람들의 얼굴을 그려봅니다.

2. 내가 그들에게 느끼는 감사, 행복, 선의 등을 떠올려보세요.

3. 그들의 얼굴을 바라보면서 어떤 느낌이 드는지 글쓰기로 표현해보세요.

_______ 년 _____ 월 _____ 일

1. 오늘의 기분상태

스트레스 온도 (보통 → 높음)	1	2	3	4	5	6	7	8	9	10
심리상태	☐ 기쁨　☐ 즐거움　☐ 만족감　☐ 평온　☐ 슬픔 ☐ 우울　☐ 불안　☐ 분노　기타 (　　　　　　)									
신체상태	☐ 활력　☐ 상쾌함　☐ 편안함　☐ 무기력　☐ 피로 ☐ 불면　☐ 근육긴장　☐ 얕은호흡　기타 (　　　　　)									

* 중복 가능

2. 오늘의 식사일기

시간과 장소	공복감 수준 0 ~ 3, 숫자로 표시	식사결정 계획적 / 즉흥적	식사메뉴	식전기분	식후기분

3. 오늘, 내 몸에 대해 알아차린 것은? (위의 1, 2번 내용 참고)

13 나에게 다정하게 말하기

유난히 다정한 사람들이 있습니다. 다른 사람의 작은 감정에도 귀 기울여주고 마음을 편안하게 해주는 사람, 우리는 그런 사람을 다정하다고 말합니다. 그런데 남에게는 다정하면서 유독 자기 자신에게는 엄격하게 대하는 경우가 있습니다. 이런 엄격함은 다이어트 중에도 여실히 드러납니다. 사실, 자기 몸에게 다정한 태도를 보이기는 누구나 쉽지 않습니다. 자기 몸을 외부의 시선과 평가에 의존하면서 엄격한 잣대는 더 냉혹해지기도 합니다.

"나는 뚱뚱해." "나는 너무 의지가 부족해."

다이어트를 하면서 혹독한 자기비판으로 내가 나에게 상처를 주는 말을 서슴없이 해댑니다. 나를 있는 그대로 받아들이지 못하고, 부족한 모습이 나를 지배하기 쉽습니다. 하지만 심리학자들의 따르면 이런 자기비판의 시선보다는 공감과 연민을 활용하면 다이어트에도 더 효과적이라고 말합니다. 누군가 비판하지 않고 나를 다정하게 대해줄 때, 우리는 자기감정에 한 걸음 더 다가가고, 솔직하게 자신의 내면을 털어놓을 수 있습니다. 반대로 사람들의 평가와 비난에서 자유롭지 못하다고 느끼면, 자기 자신과의 대화의 창도 닫아버리게 됩니다.

다이어트는 내밀한 자기소통의 시간입니다. 내가 나에게 어떤 메시지를 보내주는가에 따라 음식과의 관계도 얼마든지 달라질 수 있습니다. 만약 엄격한 심판자의 목소리로 나에게 말할 때, 나는 나 자신에게 솔직할 수가 없습니다. 엄격함은 내적 경험에서 멀어지게 합니다. 다시 말해, 내가 느끼는 감정을 회피하고, 스스로를 자책하거나 수치심, 후회, 분노 같은 부정적 감정에 사로잡히게 만듭니다. 이런 부정적 감정을 억누르기 위해 또 음식을 찾게 되

는 악순환을 초래합니다.

'엄격'하면 '억압'하게 됩니다. 그 억압은 고스란히 나에게 돌아와서 나를 괴롭힙니다. 음식 생각을 잊으려고 애쓸수록 오히려 음식 생각이 더 난다는 연구 결과도 있습니다. 언제나 억압보다는 인정이 더 오래가고 강합니다. 먹고 싶은 갈망이 있음을 인정하고, 그런 자신을 다정하게 대해줄 때, 음식에 대한 갈망은 힘을 잃어버립니다. 초콜릿을 먹으면 안 된다고 억압하는 대신에 얼마든지 먹을 수 있다고 인정하는 태도가 필요합니다.

자기 자신에게 다정한 것이 우선입니다. 나 자신에게 다정할 수 없다면 남에게도 진심으로 다정하기 어렵습니다. 음식 앞에서 마음을 열고 자신에게 다정해질 때, 비로소 나의 몸과 음식과의 관계, 그리고 나에 대한 진지한 탐색이 가능해집니다.

자기연민을 실천하는 법 

내가 마음에 들지 않을 때, 나에게 다정하게 대하는 방법으로 자기연민(Self-Compassion)이 있습니다. 자기연민은 나 자신을 있는 그대로 받아들이는 것입니다. 예를 들어 습관적으로 과식이나 야식을 찾는 자신을 탓하기보다는 다정함과 이해심으로 자기 자신을 보듬을 수 있습니다.

자기연민은 다음의 3단계 과정을 통해서 경험해볼 수 있습니다.

1단계 나에게 친절을 베푼다

어떤 순간에도 나 자신에게 친절하게 대한다. 실수를 저지르는 나에게도 친절을 잊지 않는다. 누구나 실수를 저지를 수 있다는 것을 기억한다.

2단계 누구나 힘들다고 인정한다

실수하거나 거부당한 기분이 들 때, 외롭다는 생각이 들고 나 혼자만 고통받는다고 느껴지기 쉽다. 하지만 누구나 힘든 시기를 겪는다는 것을 기억한다.

3단계 마음챙김을 실천한다

지금의 기분을 억누르려고 애쓰지 않는다. 내 기분을 무시하면서 자신에게 자비로워질 수 없다. 기분에 사로잡히지 않고 그대로 받아들이려고 노력한다.

누구보다 나를 우선적으로 돌보는 것이 중요합니다. 이제 나 자신에게 따뜻하고 친절하기 위해서 다음의 질문에 답해보세요.

1. 최근에 내가 저지른 실수는? (예 : 동료에게 업무에 대해 짜증을 냈다)

2. 실수를 저지른 후에 마음속에 남은 생각은? (예 : '너는 왜 항상 배려심 없고 밉살스럽게 구는 거니?')

3. 나의 실수에 자기연민을 담아서 다시 생각한다면? (예 : '가끔은 누구나 실수를 하는 법이지. 그 사람도 이유가 있었겠지.')

________년 ____월 ____일

1. 오늘의 기분상태

스트레스 온도 (보통 → 높음)	1	2	3	4	5	6	7	8	9	10
심리상태	☐ 기쁨 ☐ 즐거움 ☐ 만족감 ☐ 평온 ☐ 슬픔 ☐ 우울 ☐ 불안 ☐ 분노 기타 ( )									
신체상태	☐ 활력 ☐ 상쾌함 ☐ 편안함 ☐ 무기력 ☐ 피로 ☐ 불면 ☐ 근육긴장 ☐ 얕은호흡 기타 ( )									

* 중복 가능

2. 오늘의 식사일기

시간과 장소	공복감 수준 0 ~ 3, 숫자로 표시	식사결정 계획적 / 즉흥적	식사메뉴	식전기분	식후기분

3. 오늘, 내 몸에 대해 알아차린 것은? (위의 1, 2번 내용 참고)

14 지금 이 순간을 음미하기

바쁜 일상이 우리를 에워싸고 있습니다. 급한 일이 없는데도 늘 마음은 조급하고 초조합니다. 아침식사는 건너뛰기 다반사이고, 점심은 후다닥 해치우고, 저녁은 자극적인 음식들로 해결합니다. 천천히 즐기며 식사를 했던 적이 언제인지 가물가물합니다.

이런 매일의 식사에서 우리는 음식과 사이좋게 만나고 있을까요? 어떤 사람을 좋아하면 그 사람의 모든 것을 알고 싶습니다. 무엇을 좋아하는지, 또 무엇을 싫어하는지 아주 세세한 정보들도 놓치지 않고 기억하려 합니다. 음식도 나에게 중요한 관계입니다. 《자기만의 방》의 작가 버지니아 울프는 "식사를 제대로 하지 않은 사람은 제대로 생각할 수도, 제대로 사랑할 수도, 제대로 잠을 잘 수도 없다"고 말했습니다.

그렇다면 우리는 음식과 어떻게 만나야 할까요? 천천히 음미하며 만났으면 좋겠습니다. 내가 먹는 음식에서 어떤 맛이 나는지, 이 음식을 먹고 나의 기분은 어떤지, 몸 상태는 어떻게 변하는지 등 음식이 나에게 주는 영향을 느끼는 경험이 중요합니다. 음미하며 먹는다는 것은 음식이 주는 감각적인 맛을 온전히 느끼며 먹는 것입니다. 즉 음식과 교감하며 만나는 것입니다.

음식을 먹으며 나의 시각, 촉각, 미각, 청각, 후각이 살아나는 순간을 한번 떠올려볼까요? 지금 내 앞에 샐러드가 한가득 담겨 있습니다. 보기만 해도 입안이 촉촉해집니다. 화려한 색감의 음식을 먹으면 하루를 활기차게 보낼 것 같은 느낌이 듭니다. 알록달록한 야채들이 눈을 즐겁게 해준다면, 견과류는 씹는 촉각을 더해줍니다. 샐러드 한 입을 입안에서 음미하며 생각합니다. '지금 이 순간이 참 맛있구나.' 피곤했던 몸과 마음이 스르륵 녹는 것 같습니

다. 이처럼 지금 내 앞에 놓인 음식을 한 입 한 입 음미하며 먹는 것을 마음챙김 먹기(Mindful Eating)라고 말합니다.

틱낫한 스님은 과일을 입에 넣을 때, 필요한 것은 지금 입 속에 사과 한 조각을 넣고 있음을 '알아차리는 마음'이라고 말합니다. 음식을 씹는 동안 다른 생각을 하고 있다는 것은 마음을 다해 먹고 있지 않다는 것입니다. 짧은 시간이지만 음식을 먹을 때는 음식과 하나가 되는 시간을 가져야 합니다. 식사 한 끼만으로도 좋은 기분을 느끼고, 하루의 생기를 느낄 수 있습니다. 이렇듯 마음을 챙기며 먹을 때, 우리는 그 순간을 음미하며 살게 됩니다.

나 자신을 돌아보는 것은 온전히 깨어 있는 것이고, 완전히 살아 있는 것입니다. 바로 삶의 모든 순간을 경험하는 것입니다. 우리는 내 앞의 음식을 먹으며 지금 이 순간을 음미할 수 있습니다.

지금 여기에 머무는 법 

온전히 나만의 시간을 느껴보지 못하고 있을 때, 마음챙김의 힘을 빌려보세요. 마음챙김(mindfulness)은 지금 이 순간에 머무는 것입니다. 커피 한잔을 마시며 커피의 맛을 음미하는 것, 산책길에 바스락거리는 낙엽 소리를 즐기는 것, 샐러드의 싱싱한 식감을 즐기는 것 등 나의 몸과 마음이 현재에 있을 때, 우리는 마음챙김 상태에 있다고 말합니다. 마음챙김을 식생활은 물론, 일, 관계, 여행 등 일상 전반에서 적용한다면 한층 더 편안한 나를 만날 수 있습니다. 마음챙김을 일상에서 실천하는 경우는 다음과 같습니다.

◆   아침에 차 또는 커피를 마실 때

◆   식사를 하면서 음식의 맛을 음미할 때

◆   음악을 들으며 소리에 몰입할 때

◆   산책 중에 걷기의 즐거움을 누릴 때

마음이 산만해질 때, 마음챙김에 도움을 주는 단어나 문장을 활용하면 도움이 됩니다. 떠올리면 마음이 평온해지는 문장과 단어를 적어보세요. (예 : 카르페 디엠)

인간은 긍정적이든 부정적이든 다양한 감정을 가지고 있습니다. 마음이 기쁠 때 어떤 사람은 더 많이 먹는가 하면, 어떤 사람을 덜 먹습니다. 슬프거나 화가 날 때 음식을 먹는 사람들이 있습니다. 이는 자신의 감정을 먹어치우는 행위로 그런 감정이 사라지기를 원하기 때문입니다. 이 경우 음식은 영양소가 아니라 갈망이 됩니다. 스스로의 갈망을 이해하기 위해 '깊이 보기'를 하지 않으면 그 갈망은 점점 더 커집니다. 시간을 내어 마음챙김과 자비로 감정을 돌보고 나면 먹기가 단순해집니다. 이제 갈망 없이 음식을 즐길 수 있고, 먹기와 건강하고 긍정적인 관계를 맺어갈 수 있습니다.

– 틱낫한, 〈먹기 명상〉 중에서 –

자신을 사랑하듯 먹는다.
좋은 음식을 선택할 수 있는 사람은
오직 나 자신에게 있다.

Mindful Eating

마음챙김 식사일기

초판 1쇄 인쇄   2023년 12월 15일
초판 1쇄 발행   2023년 12월 25일

펴낸이 | 성미옥
펴낸곳 | 생각속의집

출판등록   2010년 5월 18일 제300-2010-66호
주소 | 서울시 종로구 혜화동 53-9, 1층
전화 | (02)318-6818   팩스 | (02)318-6613
전자우편 | houseinmind@gmail.com
페이스북 | facebook.com/healingcafe
인스타그램 | instagram.com/houseinmind

- 이 책의 판권은 생각속의집에 있습니다.
- 이 책의 콘텐츠를 사용하려면 반드시 생각속의집의 동의를 받아야 합니다.
- 마음챙김 식사에 관한 워크숍 및 교육은 생각속의집으로 문의 바랍니다.